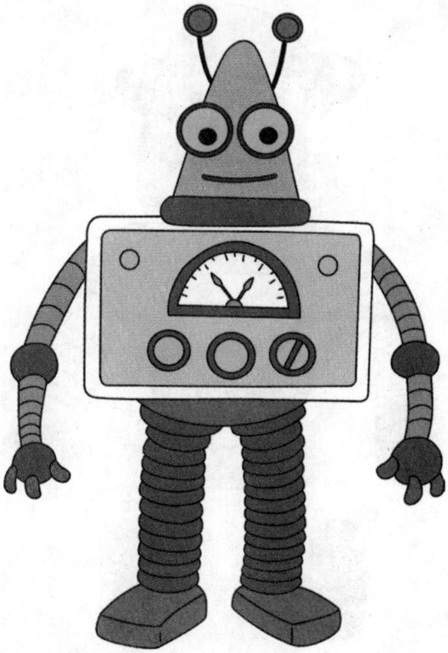

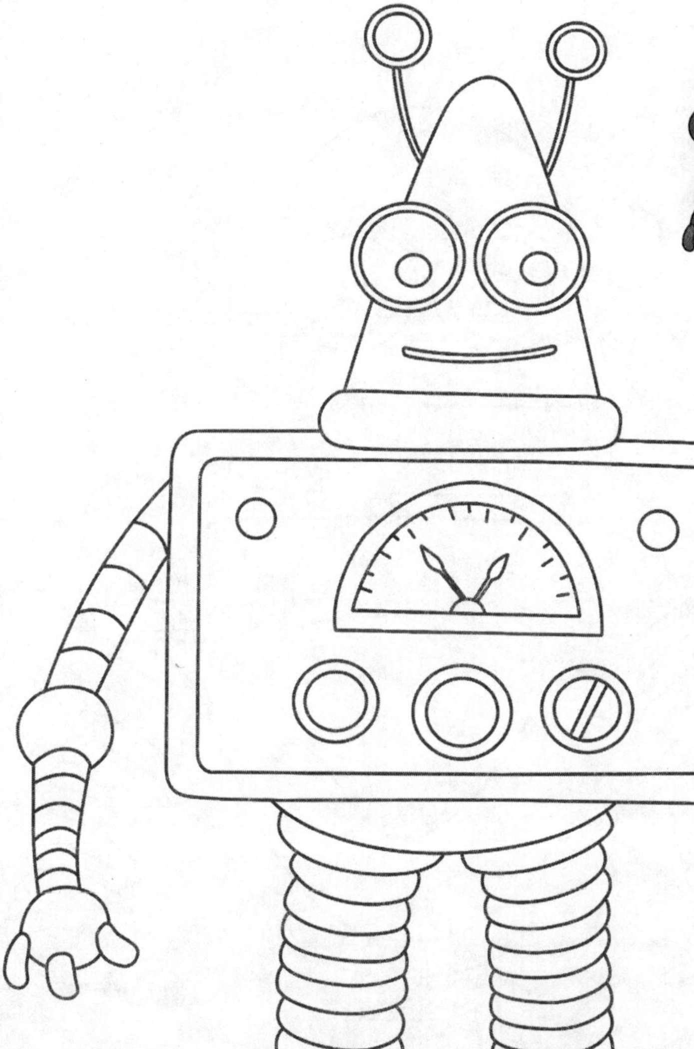

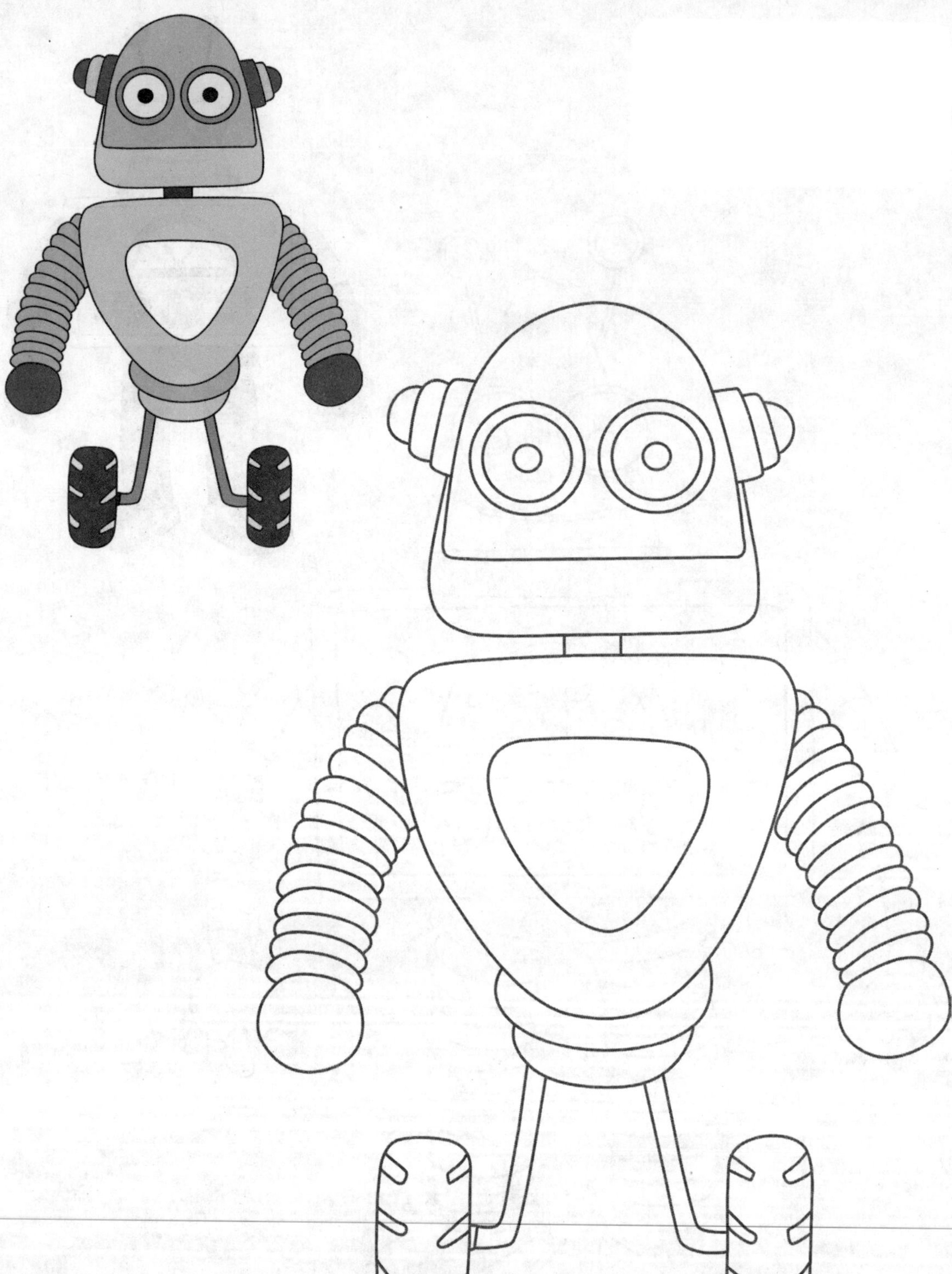

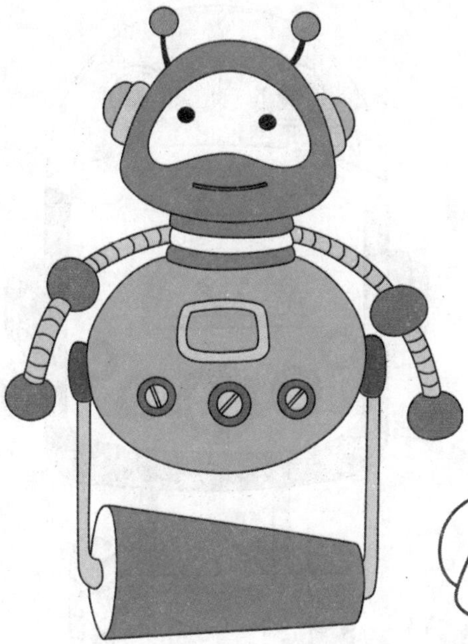

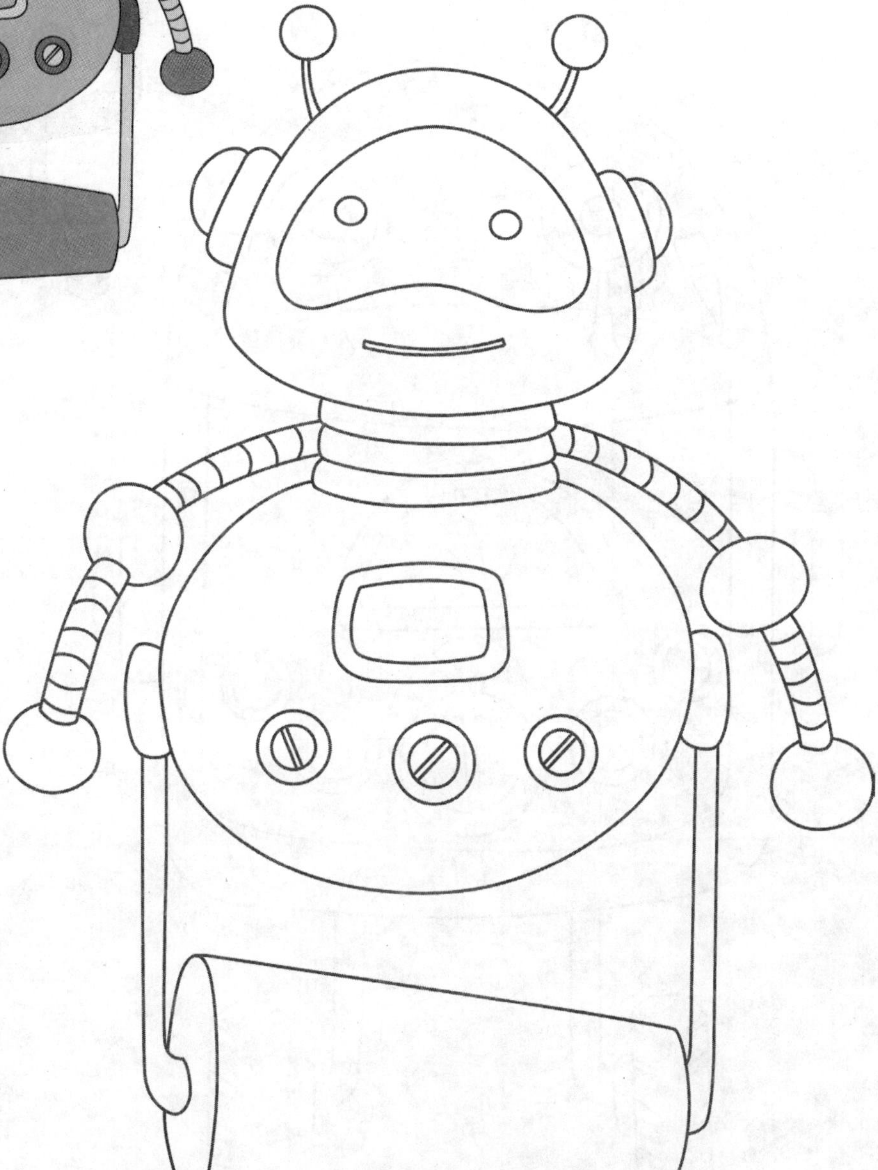

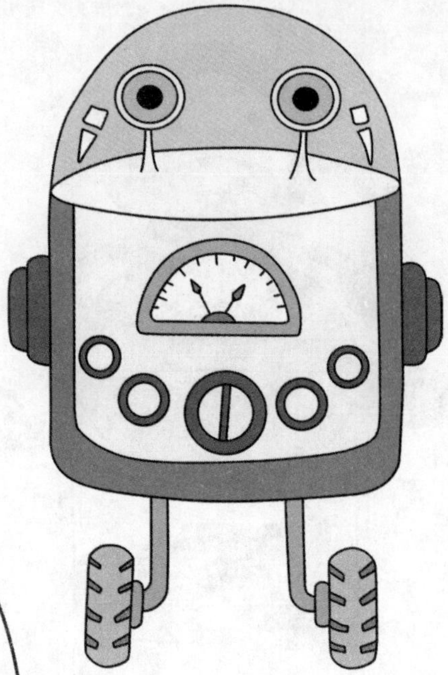
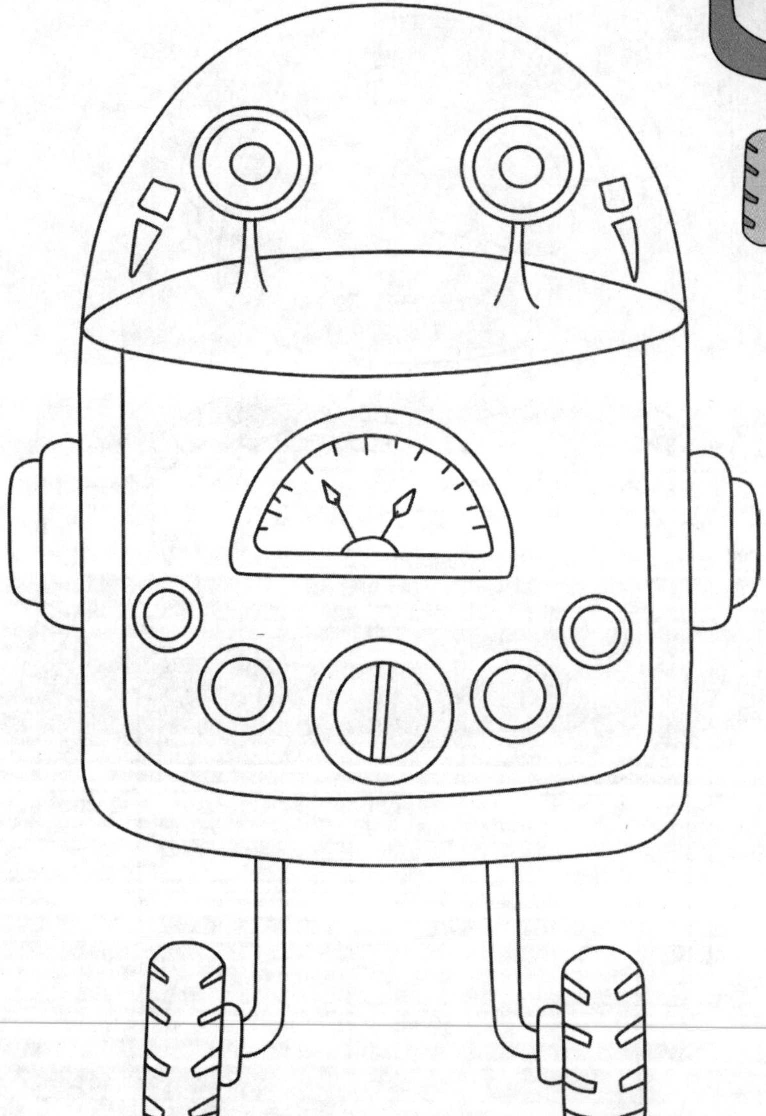

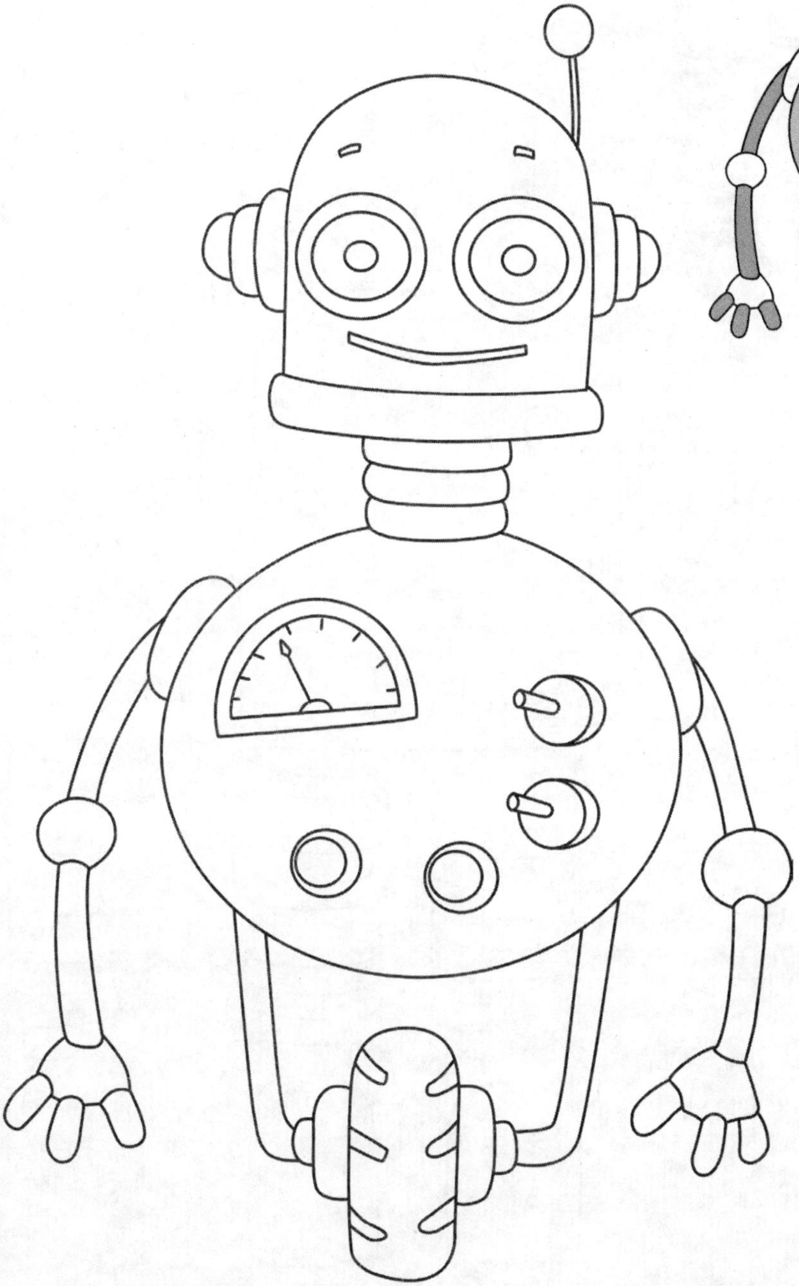
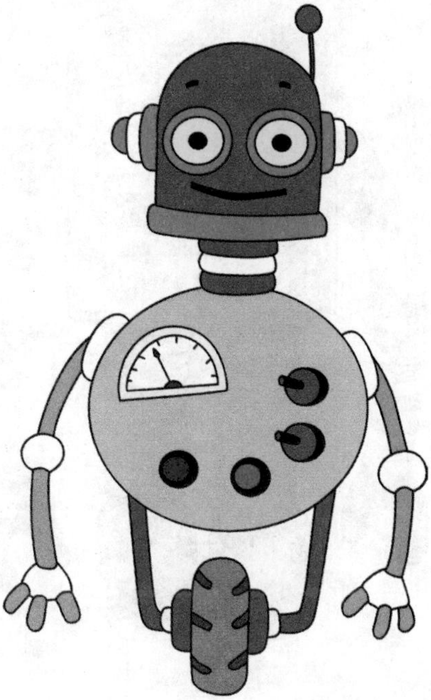

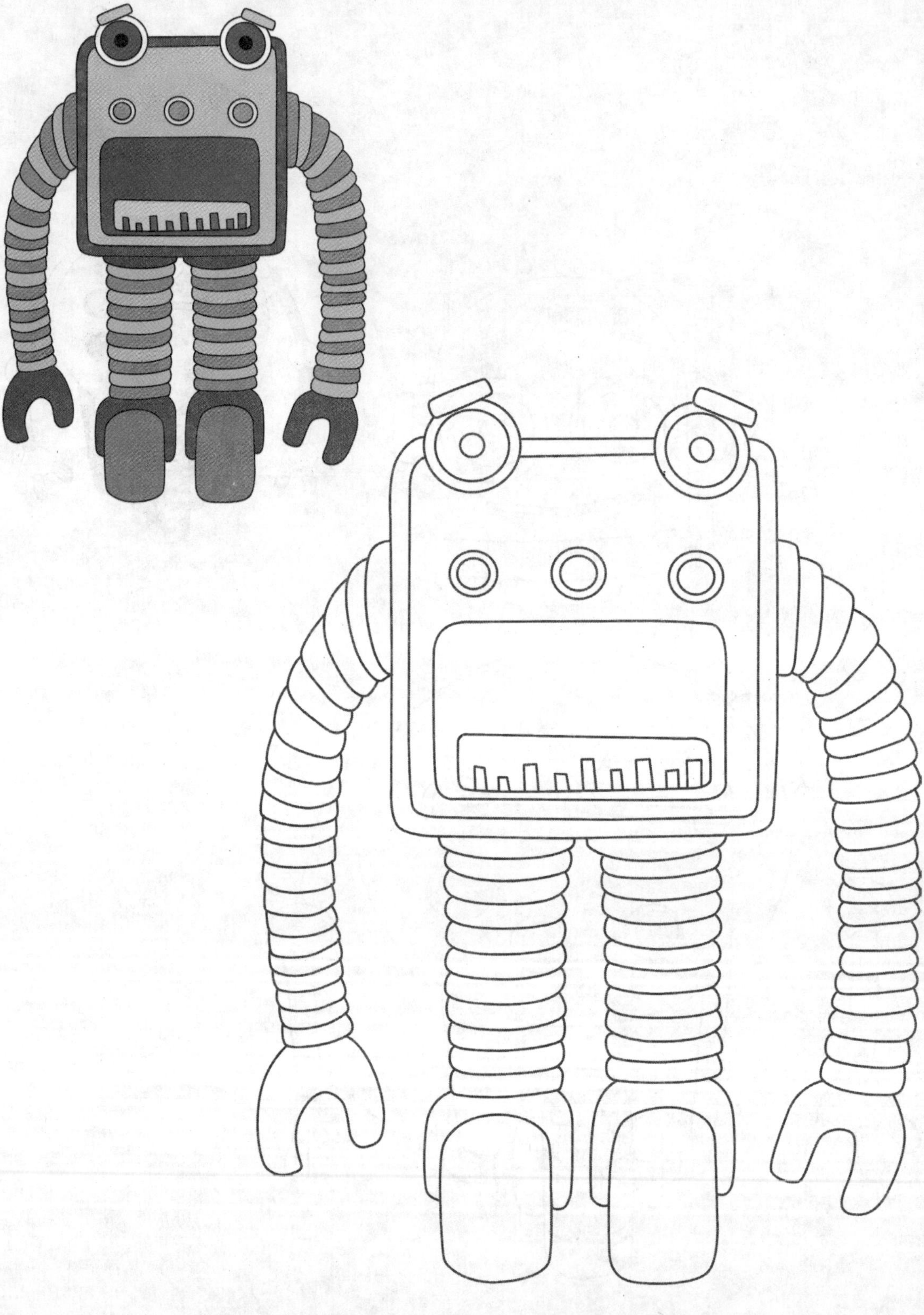

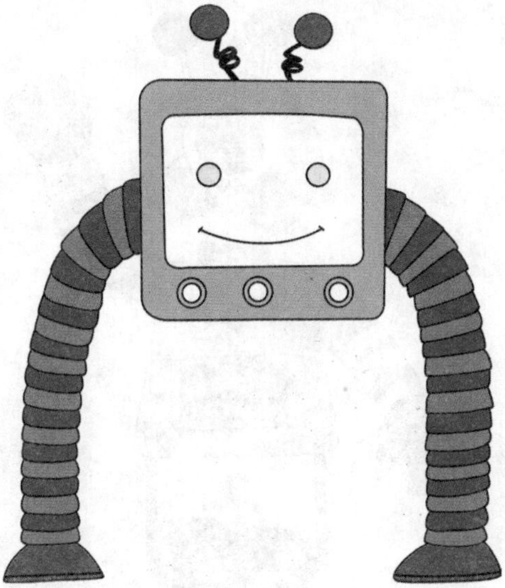

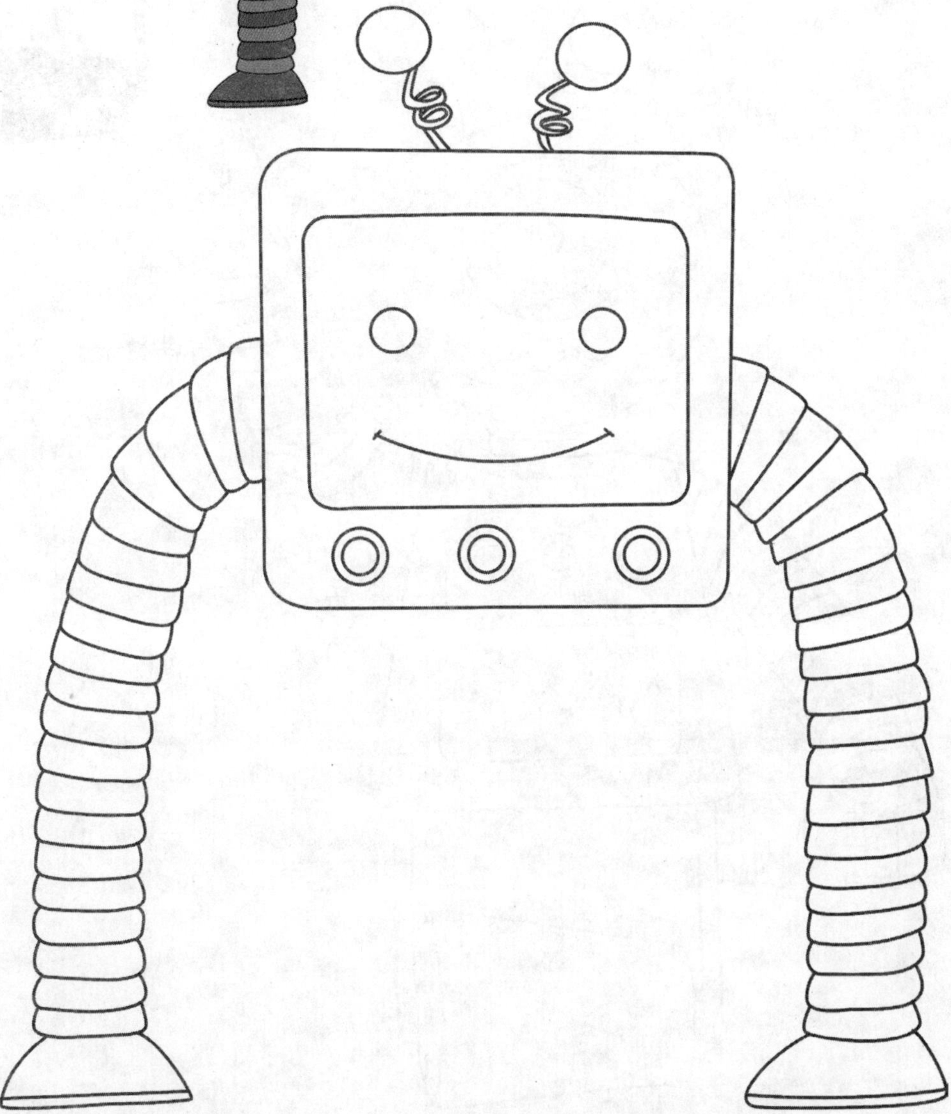

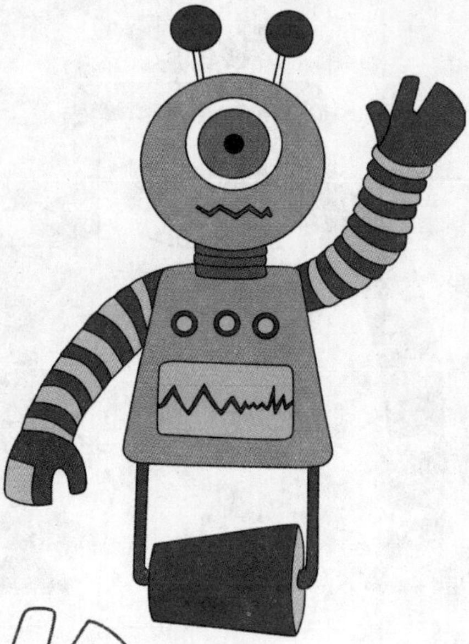

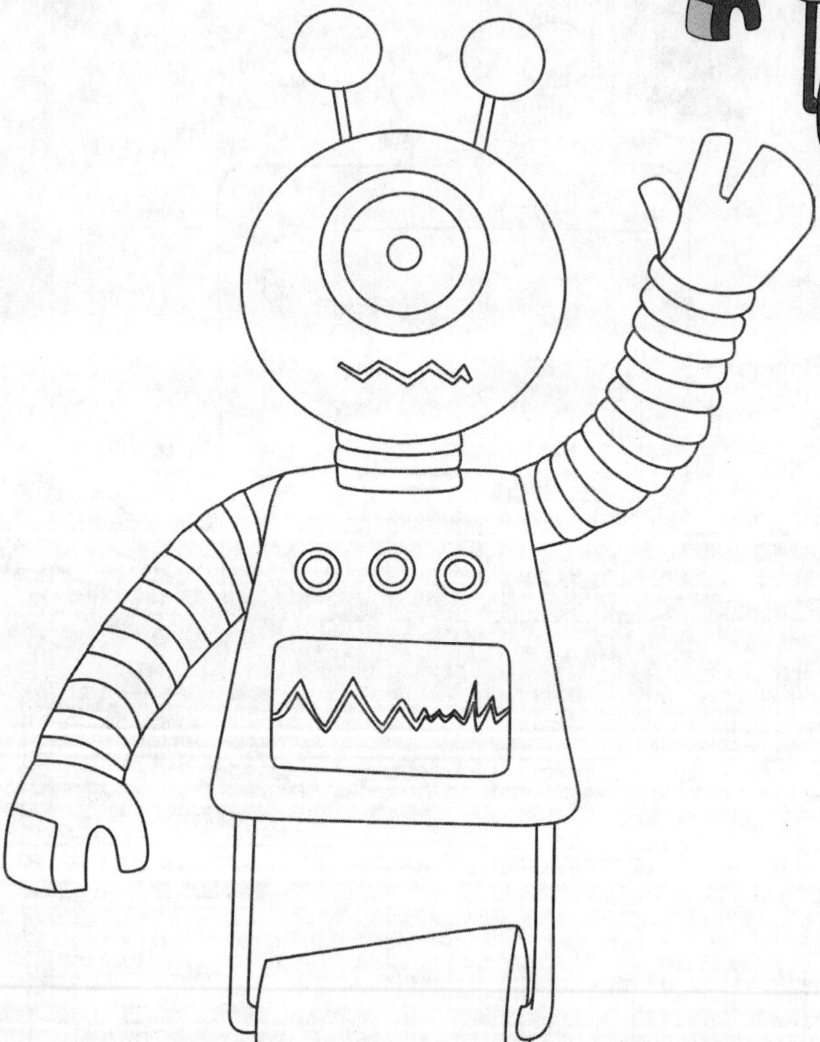

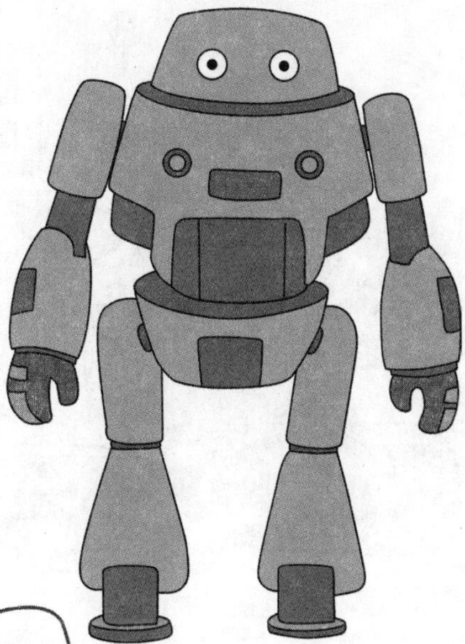
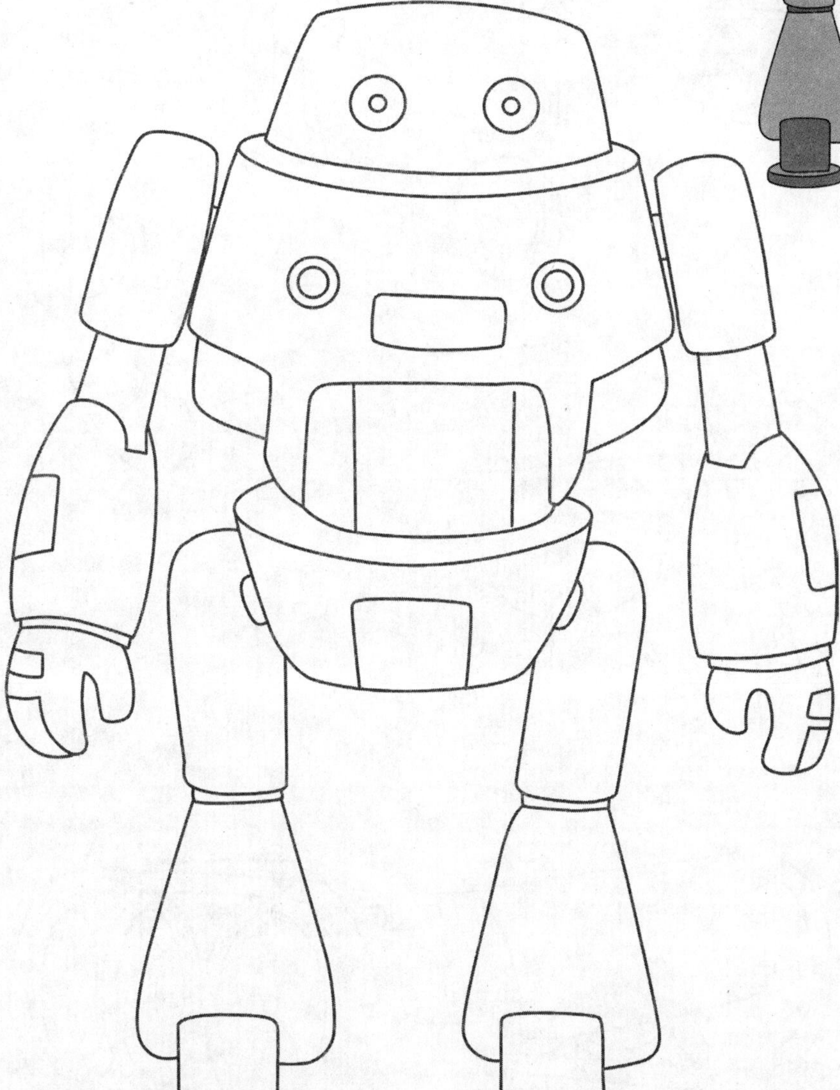

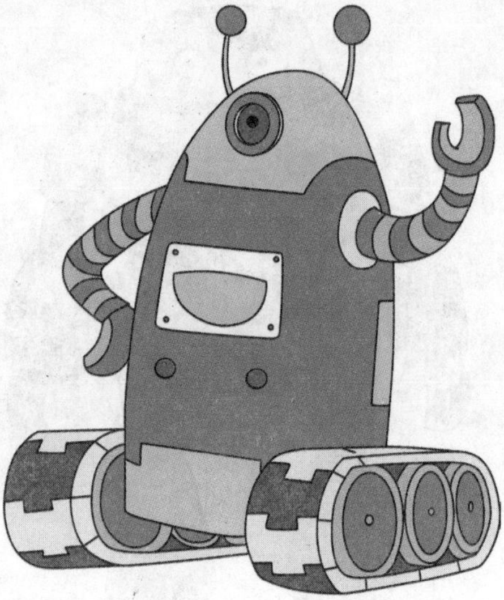
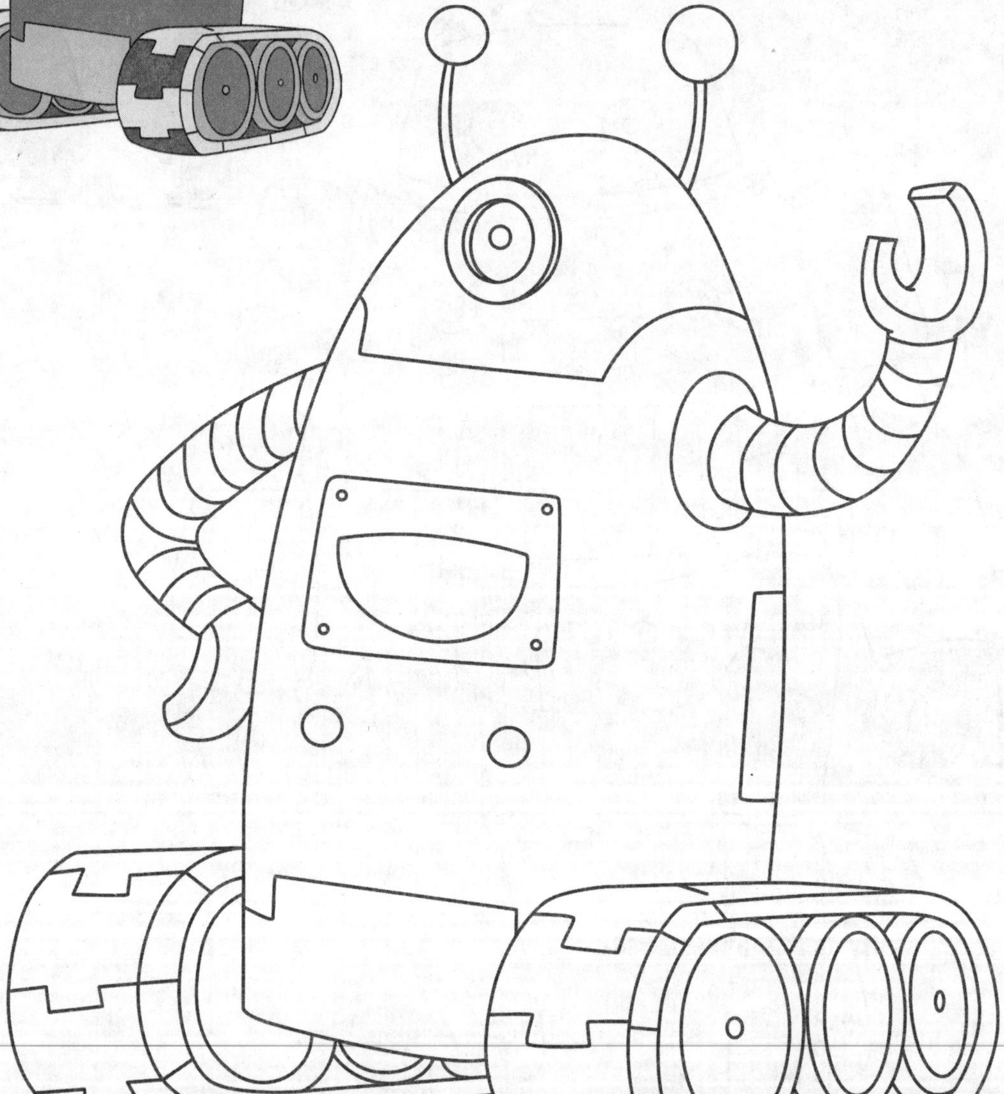

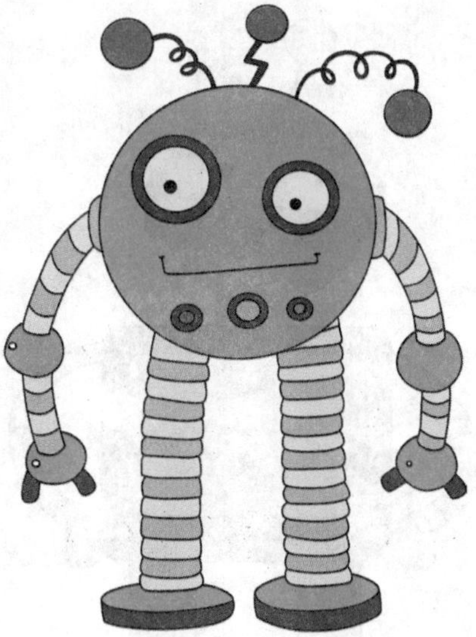

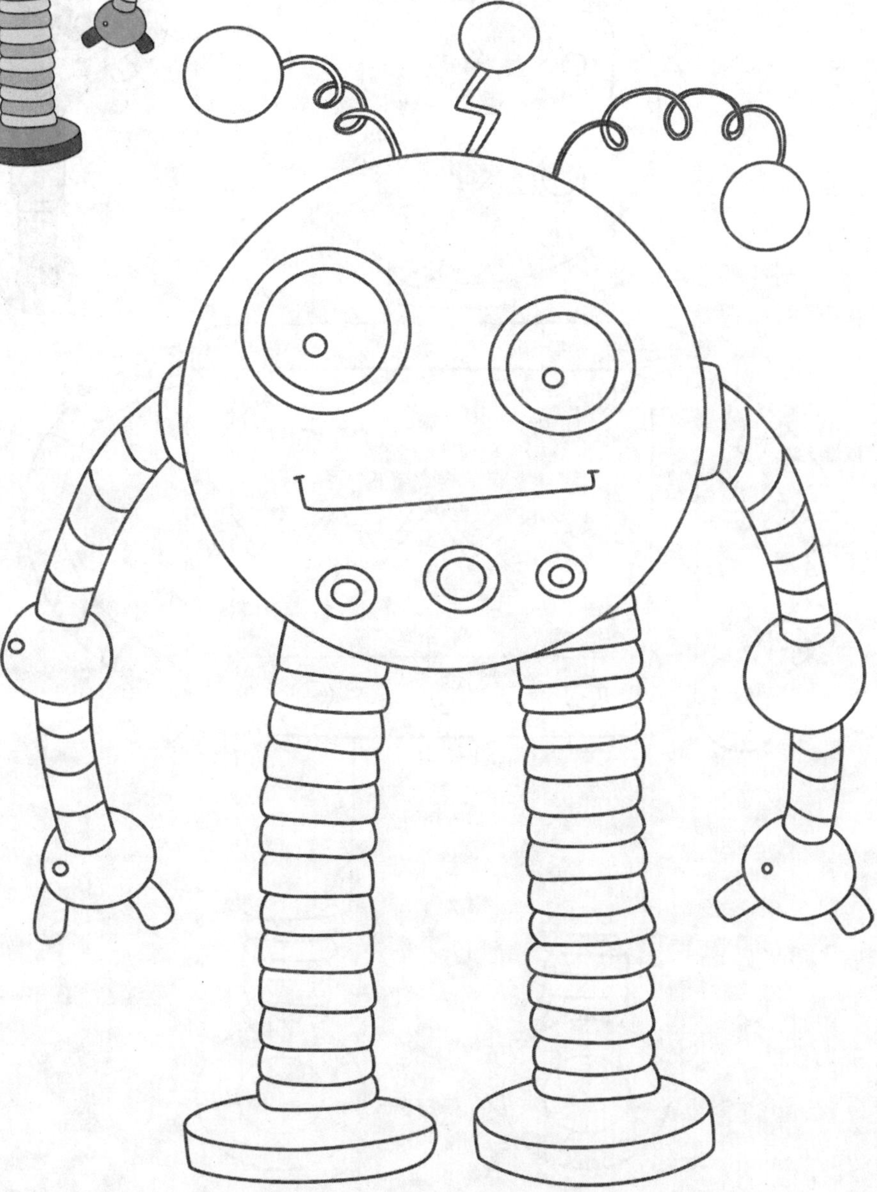

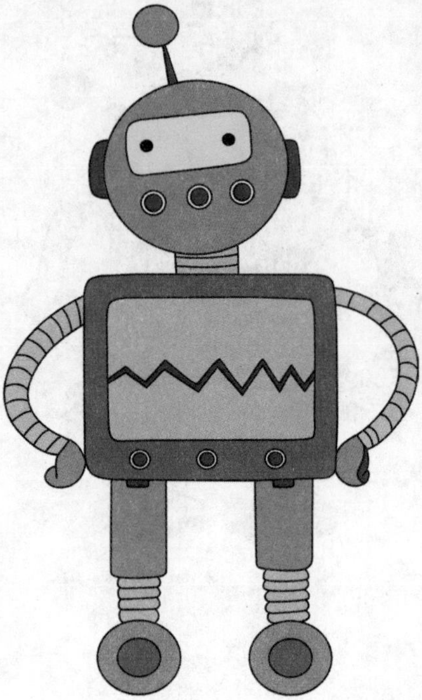
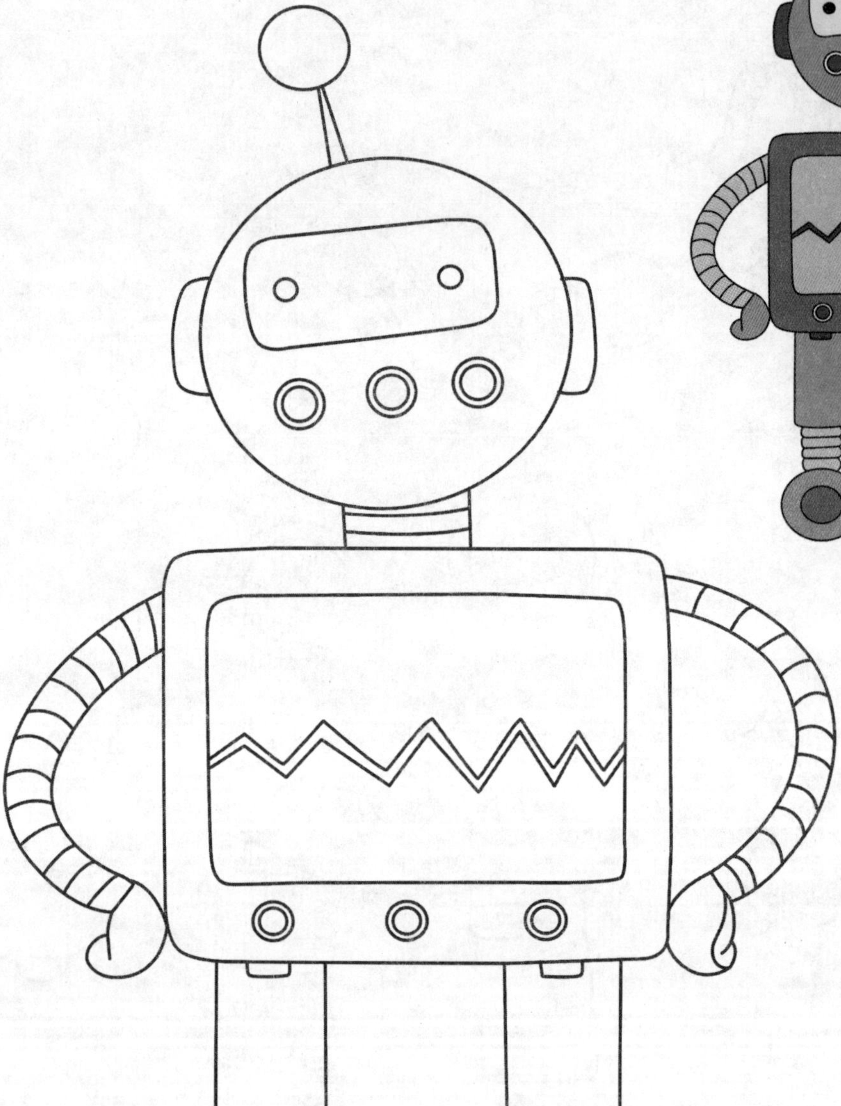

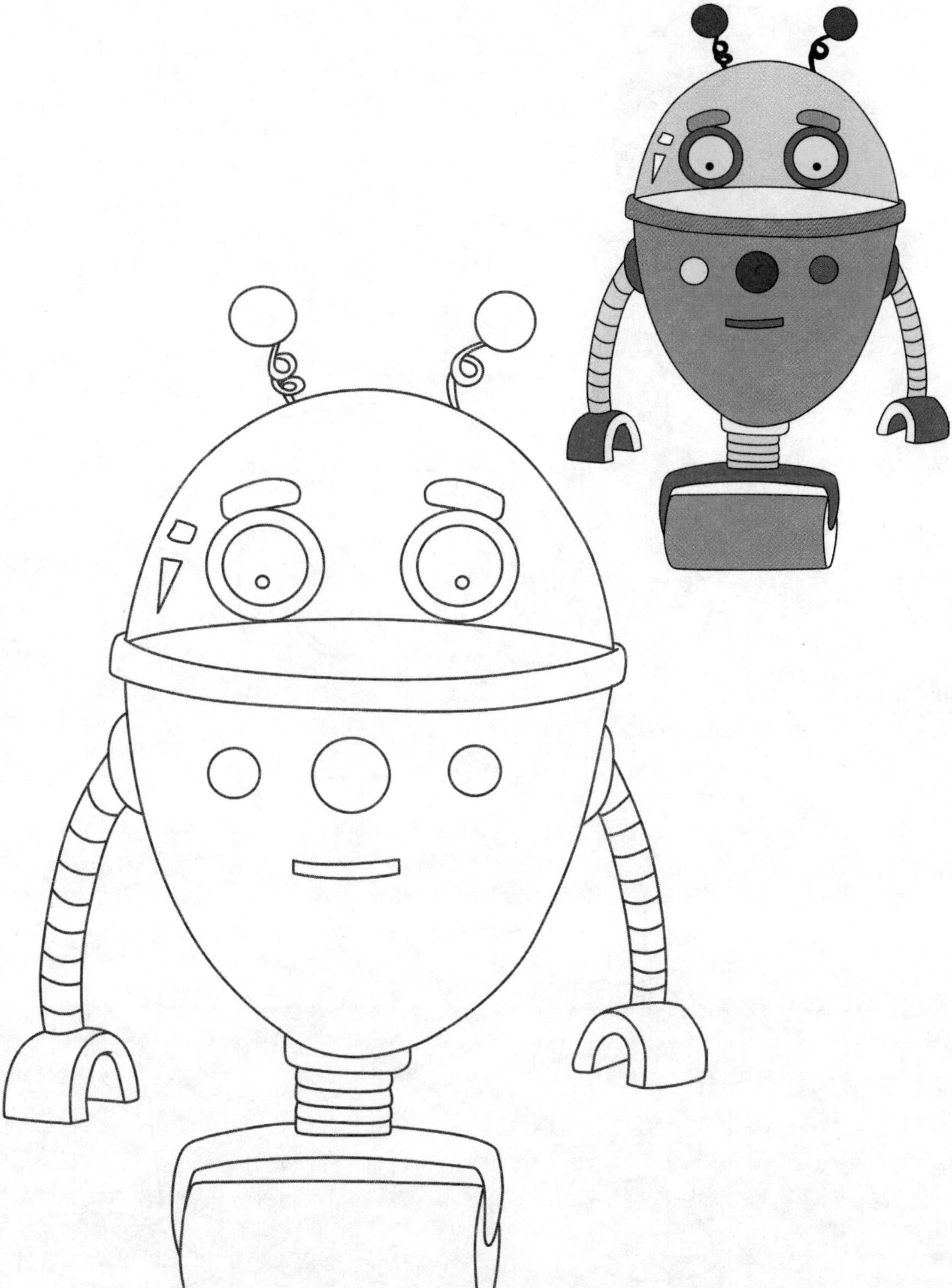

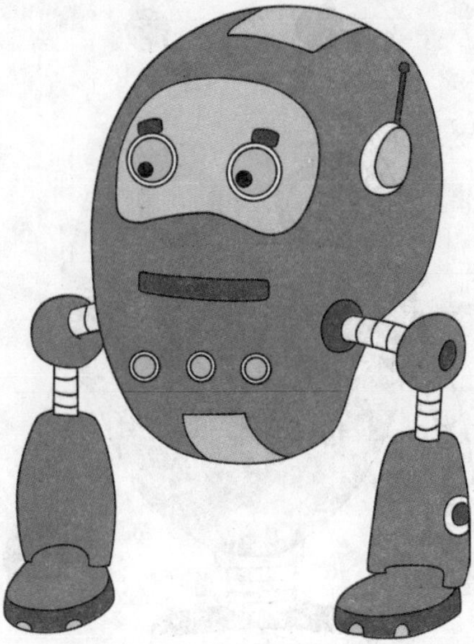
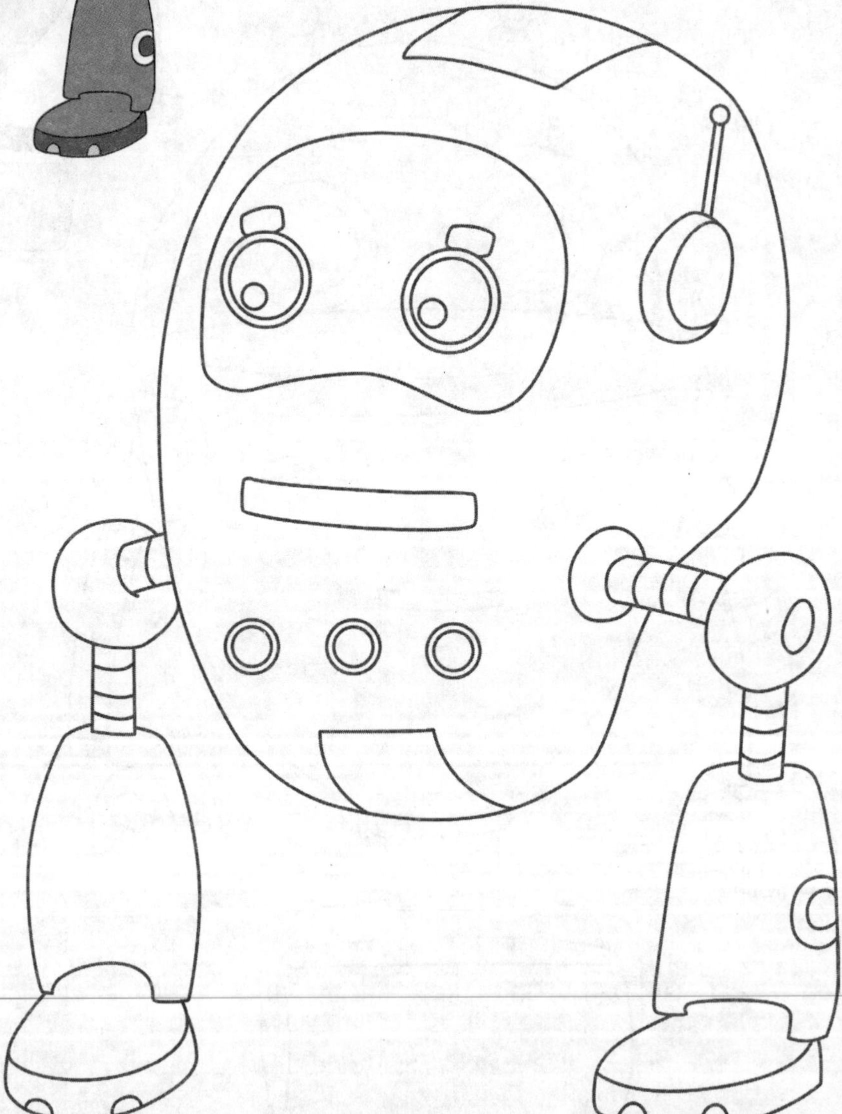

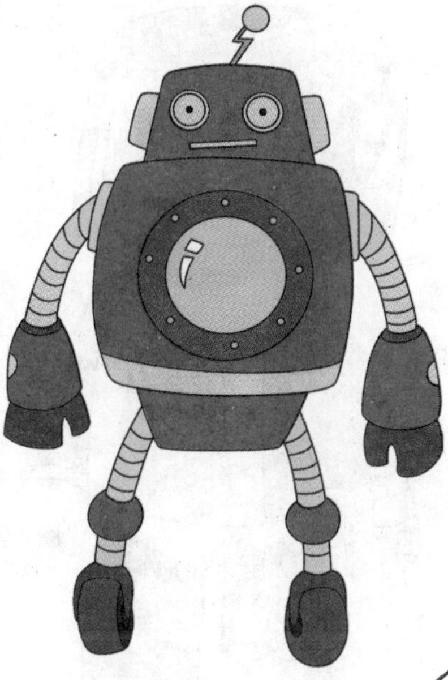
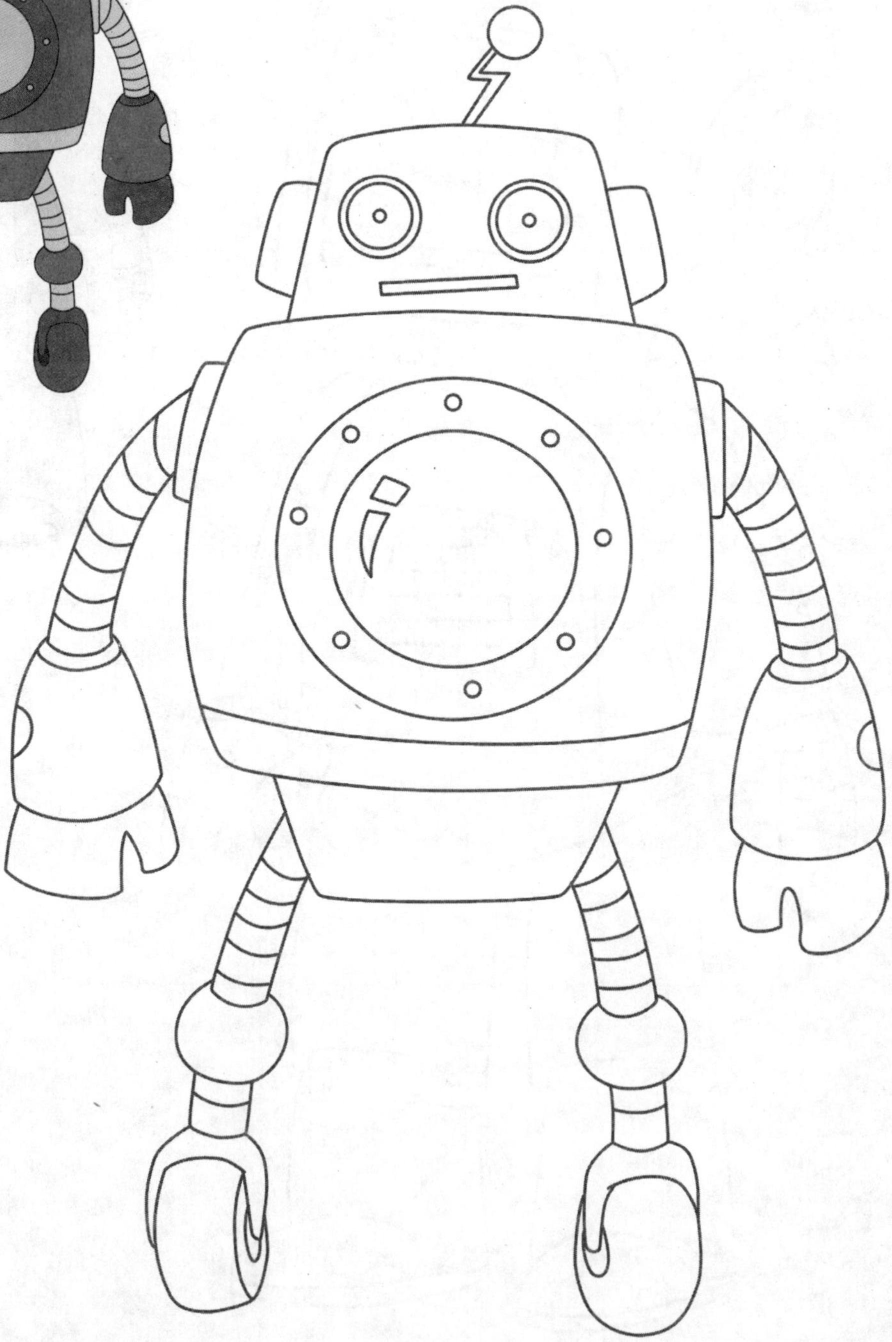

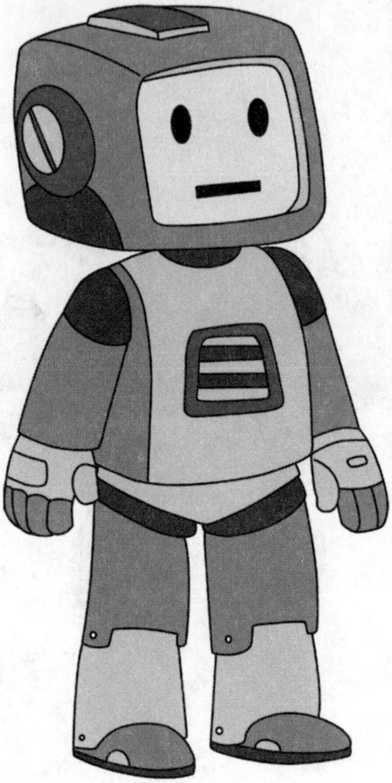

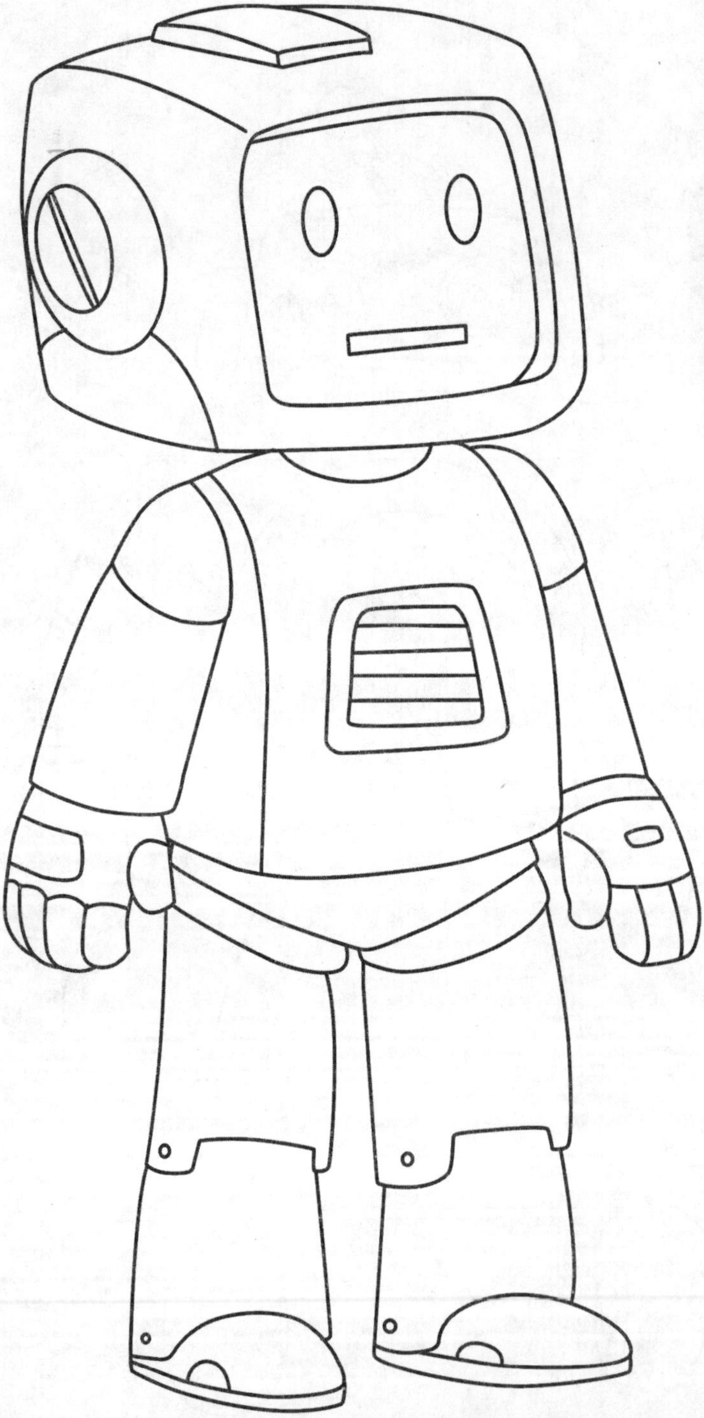